AF490459